Impressum
Verlag: BABADADA GmbH, Nedderfeld 112 , 22529 Hamburg
Geschäftsführer / Verlagsleitung: Harald Hof
Druck: Books on Demand GmbH, In de Tarpen 42, 22848 Norderstedt

Imprint
Publisher: BABADADA GmbH, Nedderfeld 112 , 22529 Hamburg, Germany
Managing Director / Publishing direction: Harald Hof
Print: Books on Demand GmbH, In de Tarpen 42, 22848 Norderstedt, Germany

除
割り算

186/2

黑板
黒板

教室
教室

校园
校庭

老师
教師

纸
紙

书写
書く

钢笔
ペン

办公桌
事務机

直尺
定規

书
本

学生
生徒

书包

ランドセル

铅笔盒

筆入れ

铅笔

鉛筆

卷笔刀

鉛筆削り

橡皮擦

消しゴム

画板

スケッチブック

图画
スケッチ

画笔
絵筆

颜料盒
絵の具箱

剪刀
はさみ

胶水
接着剤

练习册
練習帳

家庭作业
宿題

12

数字
数

2+2

加
足し算

5-2

减
引き算

2×2

乘
かけ算

计算
計算する

A

字母
文字

ABCDEFG
HIJKLMN
OPQRSTU
VWXYZ

字母表
アルファベット

hello

字
単語

课文
....
テキスト

读
....
読む

粉笔
....
チョーク

上课
....
授業

登记
....
学級日誌

考试
....
試験

证书
....
通知表

校服
....
制服

教育
....
教育

百科全书
....
百科事典

大学
....
大学

显微镜
....
顕微鏡

地图
....
地図

废纸筐
....
ごみ箱

酒店
ホテル

Grand

青年旅社
ホステル

ROOMS

外币兑换处
両替所

ECHANGE

手提箱
スーツケース

汽车
自動車

语言
言語

是/否
はい / いいえ

好的
問題ない

您好
ハロー

翻译员
翻訳者

谢谢
ありがとう

......多少钱？

...はいくらですか？

我不明白

わかりません

问题

問題

晚上好！

こんばんは！

早上好！

おはようございます！

晚安！

おやすみなさい！

再见

さようなら

方向

方向

行李

手荷物

包

バッグ

双肩包

リュックサック

客人

お客様

房间

部屋

睡袋

寝袋

帐篷

テント

旅游信息
旅行者情報

海滩
ビーチ

信用卡
クレジットカード

早餐
朝食

午餐
昼食

晚餐
夕食

票
チケット

电梯
エレベーター

邮票
スタンプ

边界
境界

海关
税関

大使馆
大使館

签证
ビザ

护照
パスポート

船
船

飞机
飛行機

消防车
消防車

卡车
トラック

公交车
バス

汽艇
モーター
ボート

汽车
自動車

自行车
自転車

摆渡船

フェリー

小船

ボート

摩托车

バイク

警车

パトカー

赛车

レーシングカー

租车

レンタカー

拼车

カーシェアリング

拖车

レッカー車

垃圾车

ごみ収集車

发动机

モーター

汽油

燃料

加油站

ガソリンスタンド

交通标志

交通標識

交通

交通

交通堵塞

渋滞

停车场

駐車場

火车站

駅

轨道

道

火车

列車

电车

路面電車

货车

車両

交通运输 - 輸送

直升机

ヘリコプター

机场

空港

塔

タワー

乘客

乗客

集装箱

コンテナ

纸板箱

段ボール箱

手推车

カート

篮子

カゴ

起飞/降落

離陸 / 着陸

城市

都市

村庄

村

市中心

都心

房子

家

CINEMA

电影院
映画館

广告
宣伝

路灯
街灯

街道
通り

出租车
タクシー

小吃店
キオスク

行人
步行者

人行道
舗道

斑马线
横断步道

红绿灯
信号

十字路口
交差点

垃圾箱
ゴミ箱

小屋
小屋

公寓
アパート

火车站
駅

市政厅
市役所

博物馆
美術館

学校
学校

大学

大学

银行

銀行

医院

病院

酒店

ホテル

药房

薬局

办公室

オフィス

书店

書店

商店

ショップ

花店

花屋

超市

スーパーマーケット

市场

市場

百货商店

デパート

鱼店

魚屋

购物中心

ショッピングセンター

海港

港

公园
公園

长凳
ベンチ

桥
橋

楼梯
階段

地铁
地下鉄

隧道
トンネル

公交车站
バス停

酒吧
バー

餐馆
レストラン

邮筒
ポスト

路标
道路標識

停车计时器
パーキングメーター

动物园
動物園

游泳馆
スイミングプール

清真寺
モスク

农场
農場

污染
汚染

墓地
墓地

教堂
教会

操场
遊び場

寺庙
寺

地形
風景

树叶
葉

指示牌
道標

路
道

草地
草地

石头
石

树木
木

徒步旅行者
ハイカー

河川

草
草

花
花

峡谷

谷

山

山

湖

湖

森林

森

沙漠

砂漠

火山

火山

城堡

城

彩虹

虹

蘑菇

キノコ

棕榈树

ヤシの木

蚊子

蚊

苍蝇

ハエ

蚂蚁

蟻

蜜蜂

ミツバチ

蜘蛛

クモ

甲虫
カブトムシ

青蛙
蛙

松鼠
リス

刺猬
ハリネズミ

野兔
ウサギ

猫头鹰
フクロウ

鸟
鳥

天鹅
白鳥

野猪
雄豚

鹿
鹿

麋鹿
ヘラジカ

水坝
ダム

风力发电机
風力タービン

太阳能电池板
ソーラーパネル

气候
気候

服务员
ウェイター

菜单
メニュー

椅子
椅子

汤
スープ

披萨饼
ピザ

桌布
テーブル
クロス

餐具
刃物類

前菜
前菜

主菜
メインコース

甜点
デザート

饮料
飲み物

食物
食べ物

瓶子
ボトル

快餐

ファストフード

街边小吃

屋台の食べ物

茶壶

ティーポット

糖盒

砂糖入れ

一份饭菜

一人前

意式咖啡机

エスプレッソマシン

高脚椅

幼児用食事椅子

账单

請求書

托盘

トレー

刀

ナイフ

餐叉

フォーク

勺子

スプーン

茶匙

ティースプーン

餐巾

ナプキン

玻璃杯

グラス

碟子

皿

汤盘

スープ皿

碟子

受け皿

酱

ソース

盐瓶

塩入れ

胡椒磨

ペッパーミル

醋

酢

食用油

油

调味料

スパイス

番茄酱

ケチャップ

芥末

マスタード

蛋黄酱

マヨネーズ

特价
特価品

顾客
顾客

乳制品
乳製品

水果
果物

购物车
ショッピング
・カート

肉铺
肉屋

面包房
パン屋

称重
重さをはかる

蔬菜
野菜

肉
肉

冷冻食品
冷凍食品

冷盘

冷肉の薄切り

罐头食品

缶詰食品

洗衣粉

洗剤

甜食

菓子

日用品

家庭用品

清洁用品

清掃用品

销售员

販売員

收银机

現金箱

收银员

レジ係

购物清单

買い物リスト

开放时间

開館時刻

钱包

財布

信用卡

クレジットカード

袋子

バッグ

塑料袋

ポリ袋

水

水

果汁

ジュース

牛奶

牛乳

可乐

コーラ

红酒

ワイン

啤酒

ビール

酒

アルコール

可可

ココア

茶

紅茶

咖啡

コーヒー

意式浓缩咖啡

エスプレッソ

卡布奇诺

カプチーノ

香蕉
バナナ

苹果
リンゴ

橙子
オレンジ

西瓜
メロン

柠檬
レモン

胡萝卜
ニンジン

大蒜
ニンニク

竹子
竹

洋葱
玉ねぎ

蘑菇
キノコ

坚果
ナッツ

面条
ヌードル

意大利面条

スパゲッティ

米饭

米

沙拉

サラダ

薯条

フライドポテト

炸土豆

フライドポテト

披萨饼

ピザ

汉堡包

ハンバーガー

三明治

サンドウィッチ

炸猪排

カツレツ

火腿

ハム

萨拉米

サラミ

香肠

ソーセージ

鸡肉

鶏肉

烤肉

焼き

鱼

魚

食物 - 食べ物

燕麦片
麦のお粥

穆兹利
ムーズリ

玉米片
コーンフレーク

面粉
小麦粉

羊角面包
クロワッサン

面包卷
ロールパン

面包
パン

烤面包
トースト

饼干
ビスケット

黄油
バター

凝乳
カッテージチーズ

蛋糕
ケーキ

蛋
卵

煎蛋
目玉焼き

奶酪
チーズ

冰激凌

アイスクリーム

糖

砂糖

蜂蜜

はちみつ

果酱

ジャム

巧克力酱

ヌガークリーム

咖喱饭

カレー

农舍
農家

粮仓
納屋

稻草捆
ストロー
ベール

圧野
畑

马
馬

拖车
トレーラー

马驹
子馬

拖拉机
トラクター

驴
ロバ

羔羊
子羊

羊
羊

山羊
ヤギ

奶牛
雌牛

牛犊
子牛

猪
豚

小猪
子豚

公牛
雄牛

鹅

ガチョウ

鸭

アヒル

小鸡

ひよこ

母鸡

にわとり

公鸡

おんどり

鼠

ネズミ

猫

猫

老鼠

ねずみ

牛

雄牛

狗

犬

狗屋

犬小屋

花园浇水软管

散水ホース

洒水壶

じょうろ

长柄大镰刀

大鎌

犁

すき

镰刀
....
草刈り鎌

锄头
....
くわ

长柄草耙
....
堆肥用フォーク

斧头
....
斧

独轮手推车
....
手押し車

饲料槽
....
かいばおけ

牛奶罐
....
牛乳缶

麻布袋
....
袋

栅栏
....
フェンス

马厩
....
畜舎

温室
....
温室

土壤
....
土壌

种子
....
種

肥料
....
肥料

联合收割机
....
コンバイン

收割
收穫する

收割
収穫

山药
ヤマイモ

小麦
小麦

大豆
大豆

土豆
じゃがいも

玉米
トウモロコシ

油菜籽
菜種

果树
果樹

树薯
キャッサバ

谷物
穀物

烟囱
煙突

屋顶
屋根

落水管
排水管

窗户
窓

车库
車庫

门铃
呼び鈴

门
ドア

垃圾桶
ゴミ箱

信箱
郵便受
け

花园
庭

客厅
リビングルーム

浴室
浴室

厨房
台所

卧室
寝室

儿童房
子供部屋

餐厅
ダイニング・ルーム

地板
床

墙壁
壁

吊顶
天井

地窖
地下貯蔵庫

桑拿
サウナ

阳台
バルコニー

露台
テラス

游泳池
プール

割草机
芝刈り機

被单
シーツ

床罩
ベッドカバー

床
ベッド

扫帚
ほうき

水桶
バケツ

开关
スイッチ

壁纸
壁紙

照片
絵

台灯
ランプ

搁架
棚

橱柜
食器棚

电视机
テレビ

壁炉
暖炉

花
花

垫子
クッション

沙发
ソファ

花瓶
花瓶

遥控器
リモコン

地毯
カーペット

窗帘
カーテン

餐桌
テーブル

椅子
椅子

摇椅
ロッキングチェア

扶手椅
ひじ掛け椅子

书
本

毯子
毛布

装饰品
飾り

木柴
たきぎ

电影
映画

高保真音响
ステレオ

钥匙
鍵

报纸
新聞

油画
絵画

海报
ポスター

收音机
ラジオ

笔记本
メモ帳

吸尘器
掃除機

仙人掌
サボテン

蜡烛
ろうそく

冰箱
冷蔵庫

微波炉
電子レンジ

厨房秤
調理用はかり

烤面包机
トースター

洗洁精
洗剤

冰柜
冷凍室

烤箱
オーブン

垃圾桶
ゴミ箱

洗碗机
食器洗い機

炊具

こんろ

锅

鍋

铸铁锅

鉄鍋

炒锅

中華鍋/ カダイ鍋

平底锅

フライパン

水壶

やかん

蒸锅

蒸し器

烤盘

天板

陶瓷锅

食器

马克杯

マグカップ

碗

ボウル

筷子

箸

长柄勺

おたま

铲子

へら

搅拌器

泡立て器

滤网

こし器

筛子

ふるい

磨碎机

すりおろし器

研钵

すり鉢

烧烤

バーベキュー

明火

かまど

菜板

まな板

擀面杖

麺棒

开瓶器

栓抜き

罐子

缶

开罐器

缶切り

隔热手套

鍋つかみ

水槽

流し

刷子

ブラシ

海绵

スポンジ

搅拌机

ミキサー

冷藏箱

冷凍庫

奶瓶

哺乳瓶

水龙头

蛇口

供暖设备
ヒーター

毛巾
タオル

淋浴
シャワー

浴帘
シャワーカーテン

泡沫浴
泡風呂

浴缸
浴槽

玻璃杯
グラス

洗衣机
洗濯機

瓷砖
タイル

水龙头
蛇口

便壶
おまる

水槽
流し

厕所
トイレ

蹲便器
和式トイレ

坐浴器
ビデ

小便池
小便器

厕纸
トイレットペーパー

马桶刷
トイレブラシ

牙刷
歯ブラシ

牙膏
歯みがき

牙线
デンタルフロス

洗
洗う

手持式喷淋头
シャワーヘッド

冲洗器
ハンドビデ

洗脸盆
洗面台

擦背刷
ボディブラシ

肥皂
石鹸

沐浴露
シャワー用ジェル

洗发水
シャンプー

法兰绒
浴用タオル

排水
排水口

乳霜
クリーム

除臭剂
消臭

镜子

鏡

手镜

手鏡

剃须刀

かみそり

剃须泡沫

シェービング・フォーム

须后水

アフターシェーブローション

梳子

櫛

刷子

ブラシ

吹风机

ドライヤー

喷发定型剂

ヘアスプレー

化妆品

化粧

唇膏

口紅

指甲油

マニキュア

化妆棉

脱脂綿

指甲剪

爪切り

香水

香水

洗漱包

洗面用具入れ

凳子

スツール

计重秤

体重計

浴袍

バスローブ

橡胶手套

ゴム手袋

卫生棉条

タンポン

卫生巾

生理用ナプキン

化学厕所

ケミカルトイレ

闹钟
目覚まし
時計

毛绒玩具
ぬいぐる
み

玩具车
おもちゃの
自動車

玩具屋
ドール・
ハウス

礼物
プレゼン
ト

拨浪鼓
がらが
ら

气球

風船

床

ベッド

（洋娃娃用）婴儿车

ベビーカー

扑克牌

カードゲーム

拼图

ジグソーパズル

漫画

漫画

乐高积木

レゴ

积木玩具

玩具ブロック

玩具人

アクションフィギュア

婴儿服

ロンパース

飞盘

フリスビー

床铃玩具

モバイル

棋盘游戏

ボードゲーム

骰子

さいころ

火车模型

鉄道模型

安抚奶嘴

おしゃぶり

聚会

パーティー

绘本

絵本

球

ボール

洋娃娃

人形

玩

遊ぶ

沙坑

砂場

秋千

ブランコ

玩具

おもちゃ

游戏机

ゲーム機

三轮车

三輪車

泰迪熊

テディベア

衣柜

衣装ダンス

衣服

衣服

袜子

靴下

长袜

ストッキング

紧身裤

タイツ

围巾
スカーフ

雨伞
雨傘

T恤
Tシャツ

皮带
ベルト

靴子
ブーツ

拖鞋
スリッパ

运动鞋
スニーカー

凉鞋
サンダル

鞋
靴

雨靴
ゴム長靴

内裤
パンツ

胸罩
ブラ

背心
ベスト

衣服 - 衣服

身体
ボディースーツ

裤子
ズボン

牛仔裤
ジーンズ

短裙
スカート

女式衬衫
ブラウス

衬衫
シャツ

套头衫
セーター

卫衣
パーカー

西装夹克
ブレザー

夹克
ジャケット

外套
コート

雨衣
レインコート

套装
服装

连衣裙
ドレス

婚纱
ウェディングドレス

衣服 - 衣服

西装
スーツ

睡袍
ナイトガウン

睡衣
パジャマ

莎丽
サリー

头巾
ヘッドスカーフ

包头巾
ターバン

波卡
ブルカ

卡夫坦
カフタン

(阿拉伯式)长袍长袍
アバヤ

泳衣
水着

男式泳裤
トランクス

短裤
半ズボン

运动服
スウェットスーツ

围裙
エプロン

手套
手袋

衣服 - 衣服

纽扣

ボタン

眼镜

メガネ

手链

ブレスレット

项链

ネックレス

戒指

指輪

耳环

イヤリング

便帽

帽子

衣架

ハンガー

帽子

帽子

领带

ネクタイ

拉链

ファスナー

头盔

ヘルメット

背带

サスペンダー

校服

制服

制服

ユニフォーム

衣服 - 衣服

围兜
よだれかけ

安抚奶嘴
おしゃぶり

尿不湿
おむつ

服务器
サーバ

文件柜
書類キャビ
ネット

打印机
プリンター

纸
紙

显示屏
モニター

鼠标
マウス

办公桌
事務机

文件夹
フォルダー

键盘
キーボード

废纸篓
ごみ箱

电脑
コンピューター

椅子
椅子

咖啡杯
コーヒーマグ

计算器
計算機

因特网
インターネット

笔记本电脑

ラップトップ

信件

手紙

消息

メッセージ

手机

携帯電話

网络

ネットワーク

复印机

コピー機

软件

ソフトウェア

电话

電話

插座

コンセント

传真机

ファックス

表格

フォーム

文件

書類

买
買う

付钱
支払う

交易
取引する

现金
お金

美元
ドル

欧元
ユーロ

日元
円

卢布
ルーブル

瑞士法郎
スイスフラン

人民币
人民元

卢比
ルピー

提款处
キャッシュポイント

外币兑换处

両替所

金

金

银

銀

石油

油

能源

エネルギー

价格

価格

合同

契約

税金

税金

股票

株

工作

働く

职员

従業員

老板

雇用主

工厂

工場

商店

ショップ

警官
警察官

消防员
消防士

飞行员
パイロット

医生
医師

厨师
コック

园丁
庭師

木匠
大工

裁缝
お針子

法官
裁判官

化学家
化学者

演员
俳優

公交车司机

バスの運転手

出租车司机

タクシー運転手

渔夫

漁師

清洁女工

掃除婦

屋顶工

屋根ふき職人

服务员

ウェイター

猎人

ハンター

画家

塗装工

面包师

パン屋

电工

電気工

建筑工人

建設作業員

工程师

エンジニア

屠夫

肉屋

水管工

配管工

邮递员

郵便配達人

士兵

軍人

建筑师

建築家

收银员

レジ係

花农

花屋

理发师

美容師

售票员

車掌

机械师

機械工

船长

キャプテン

牙医

歯科医

科学家

科学者

拉比

ラビ

伊玛目

イスラム導師

和尚

修道士

牧师

牧師

铁锤
ハンマー

钳子
くぎ抜き

螺丝刀
ドライバー

抜手
スパナ

手电筒
懐中電灯

挖掘机
掘削機

工具箱
道具箱

梯子
はしご

锯子
のこぎり

钉子
釘

钻机
ドリル

修
修理する

铲子
シャベル

靠！
クソ！

簸箕
ちりとり

油漆桶
ペンキ缶

螺丝
ネジ

乐器
楽器

打击乐器
打楽器

扬声器
スピーカー

低音提琴
コントラバス

小号
トランペット

吉他
ギター

钢琴

ピアノ

小提琴

バイオリン

贝斯

バス

定音鼓

ティンパニ

鼓

ドラム

电子琴

キーボード

萨克斯管

サックス

长笛

フルート

麦克风

マイクロフォン

老虎
虎

笼子
おり

斑马
シマウマ

动物饲料
飼料

入口
入口

熊猫
パンダ

动物
動物

大象
象

袋鼠
カンガルー

犀牛
サイ

大猩猩
ゴリラ

熊
熊

骆驼

ラクダ

鸵鸟

ダチョウ

狮子

ライオン

猴子

猿

火烈鸟

フラミンゴ

鹦鹉

オウム

北极熊

白クマ

企鹅

ペンギン

鲨鱼

サメ

孔雀

クジャク

蛇

蛇

鳄鱼

ワニ

动物园管理员

飼育係

海豹

アザラシ

美洲豹

ジャガー

动物园 - 動物園

矮种马

ポニー

豹

ヒョウ

河马

カバ

长颈鹿

キリン

老鹰

鷲

野猪

雄豚

鱼

魚

龟

亀

海象

セイウチ

狐狸

狐

羚羊

ガゼル

橙榄球
アメフト

骑自行车
サイクリング

网球
テニス

篮球
バスケットボール

游泳
水泳

拳击
ボクシング

冰球
アイスホッケー

英式足球
サッカー

羽毛球
バドミントン

田径
陸上競技

手球
ハンドボール

滑雪
スキー

马球
ポロ

跳
跳ぶ

拥抱
抱きしめる

笑
笑う

走路
歩く

唱
歌う

祈祷
祈る

亲吻
キス

做梦
夢見る

书写
書く

画
描く

展示
示す

推
押す

给
与える

拿
取る

有
持っている

做
する

当
ある

站
立つ

跑
走る

拉
引く

扔
投げる

摔倒
落ちる

躺
横たわっている

等待
待つ

携帯
運ぶ

坐
座る

穿衣
着る

睡觉
眠る

醒来
目が覚める

看
見る

哭
泣く

抚摸
なでる

梳头
櫛ですく

交谈
話す

明白
理解する

问
質問する

听
聞く

喝
飲む

吃
食べる

清理
片づける

爱
愛する

做饭
料理する

开车
運転する

飞
飛ぶ

航行
ヨットに乗る

計算
計算する

读
読む

学习
学ぶ

工作
働く

结婚
結婚する

缝
縫う

刷牙
歯を磨く

杀
殺す

抽烟
喫煙する

寄
送る

祖母
祖母

祖父
祖父

父亲
父

母亲
母

婴童
赤ん坊

女儿
娘

儿子
息子

客人

お客様

阿姨

おば

叔叔

おじ

兄弟

兄弟

姐妹

姉妹

前额
ひたい

眼睛
目

肩膀
肩

脸
顔

手指
指

下巴
あご

手
手

乳房
胸

腿
脚

手臂
腕

婴童
赤ん坊

男人
男性

女人
女性

女孩
少女

男孩
少年

头
頭

背部
背中

肚子
腹

肚脐
へそ

脚趾
足指

脚后跟
かかと

骨头
骨

臀部
腰

膝盖
ひざ

手肘
ひじ

鼻子
鼻

屁股
尻

皮肤
皮膚

脸颊
頬

耳朵
耳

嘴唇
唇

身体 - 体

嘴
口

牙齿
歯

舌头
舌

脑
脳

心脏
心臓

肌肉
筋肉

肺
肺

肝脏
肝臓

胃
胃

肾脏
腎臓

性交
セックス

避孕套
コンドーム

卵子
卵細胞

精子
精液

怀孕
妊娠

月经
月経

阴道
膣

阴茎
ペニス

眉毛
眉

头发
髪

脖子
首

医院
病院

救护车
救急車

轮椅
車椅子

骨折
骨折

医生
医師

急诊室
救急治療室

护士
看護師

紧急情况
救急

昏迷
失神

痛
痛み

受伤
けが

出血
出血

心脏病发作
心臓発作

中风
脳卒中

过敏
アレルギー

咳嗽
咳

发烧
熱

流感
インフルエンザ

腹泻
下痢

头痛
頭痛

癌症
癌

糖尿病
糖尿病

外科医生
外科医

手术刀
外科用メス

手术
手術

医院 - 病院

CT

CT

X光

レントゲン

超声波

超音波

口罩

マスク

疾病

病気

候诊室

待合室

拐杖

松葉づえ

石膏

ばんそうこう

绷带

包帯

注射

注射

听诊器

聴診器

担架

担架

体温计

体温計

出生

出産

超重

肥満

助听器

補聴器

消毒液

消毒剂

感染

感染

病毒

ウイルス

艾滋病

HIV / エイズ

药物

内服薬

接种疫苗

予防接種

药片

錠剤

药丸

ピル

急救电话

緊急電話

血压计

血圧計

生病/健康

病気の / 健康な

救命！

助けて！

警报

アラーム

突击

暴行

攻击

攻撃

危险

危険

紧急出口

非常口

着火啦！

火事だ！

灭火器

消火器

意外

事故

急救箱

救急箱

呼救信号

SOS

警察

警察

欧洲

ヨーロッパ

北美洲

北米

南美洲

南米

非洲

アフリカ

亜洲

アジア

澳洲

オーストラリア

大西洋

大西洋

太平洋

太平洋

印度洋

インド洋

南冰洋

南極海

北冰洋

北極海

北极

北極

南极
南極

南极洲
南極大陸

地球
地球

陆地
陸

海
海

岛
島

国家
国家

国家
国家

钟面

文字盤

时针

短針

分针

長針

秒针

秒針

现在几点？

何時ですか？

天

日

时间

時間

现在

現在

电子表

デジタル時計

分

分

时

時間

钟表 - 時計

79

周一
月曜 **MO**

周三
水曜 **W**

周五
金曜 **FR**

TU

TH

周六
土曜 **SA**

SO

周二
火曜

周四
木曜

周日
日曜

TUE **MON** 1

昨天
....
昨日

TUE 2

今天
....
今日

TUE 3

明天
....
明日

早晨
....
朝

中午
....
昼

晚上
....
夜

工作日
....
営業日

周末
....
週末

雨
雨

彩虹
虹

风
風

雪
雪

春
春

夏
夏

秋
秋

冬
冬

天气预报
天気予報

温度计
温度計

阳光
日差し

云
雲

雾
霧

潮湿
湿度

闪电

雷

打雷

雷

风暴

嵐

冰雹

ひょう

季风

季節風

洪水

洪水

冰

氷

一月

1月

二月

2月

三月

3月

四月

4月

五月

5月

六月

6月

七月

7月

八月

8月

九月
....
9月

十月
....
10月

十一月
....
11月

十二月
....
12月

圆形
....
円

正方形
....
正方形

长方形
....
長方形

三角形
....
三角

球体
....
球

立方体
....
立方体

颜色
色

白
白

黄
黄

橙
オレンジ

粉
ピンク

红
赤

紫
紫

蓝
青

绿
緑

棕
茶

灰
灰色

黑
黒

颜色 - 色

很多/少许

多い / 少ない

生气/平静

怒っている /
落ち着いている

美/丑

美しい / 醜い

首/尾

初め / 終わり

大/小

大きい / 小さい

明/暗

明るい / 暗い

兄弟/姐妹

兄弟 / 姉妹

干净/肮脏

清潔な / 汚い

完整/缺失

完全な / 不完全な

白天/晚上

日中 / 夜

死/生

死んだ / 生きている

宽/窄

幅広い / 狭い

可食用/非食用

食べられる　/
食べられない

邪恶/善良

悪意のある　/　親切な

兴奋/无聊

興奮している　/
退屈している

胖/瘦

太った　/　痩せた

第一/最后

最初に　/　最後に

朋友/敌人

友人　/　敵

满/空

いっぱいの　/　空の

硬/软

硬い　/　柔らかい

重/轻

重い　/　軽い

饿/渴

空腹　/　喉の渇き

生病/健康

病気の　/　健康な

非法/合法

違法な　/　合法な

聪明/愚笨

賢い　/　愚かな

左/右

左に　/　右に

近/远

近い　/　遠い

新/旧

新しい / 中古の

没有/有些

何もない / 何かある

老/幼

老いた / 若い

开/关

オン / オフ

打开/合上

開いている /
閉まっている

安静/吵闹

静かな / うるさい

富/穷

裕福な / 貧乏な

对/错

正しい / 間違っている

粗糙/光滑

粗い / なめらか

伤心/高兴

悲しい / 幸せな

短/长

短い / 長い

慢/快

ゆっくり / 速い

湿/干

濡れた / 乾いた

温暖/凉爽

温かい / 冷たい

战争/和平

戦争 / 平和

反义词 - 反対

0

零
....
ゼロ

1

一
....
1

2

二
....
2

3

三
....
3

4

四
....
4

5

五
....
5

6

六
....
6

7

七
....
7

8

八
....
8

9

九
....
9

10

十
....
10

11

十一
....
11

12
十二
12

13
十三
13

14
十四
14

15
十五
15

16
十六
16

17
十七
17

18
十八
18

19
十九
19

20
二十
20

100
百
100

1.000
千
1000

1.000.000
百万
100万

英语
英語

美式英语
アメリカ英語

普通话
中国標準語

印地语
ヒンディー語

西班牙语
スペイン語

法语
フランス語

阿拉伯语
アラビア語

俄语
ロシア語

葡萄牙语
ポルトガル語

孟加拉语
ベンガル語

德语
ドイツ語

日语
日本語

我

私

你

あなた

他/她/它

彼 / 彼女 / それ

我们

私たち

你们

あなたたち

他们

彼ら

谁？

誰？

什么？

何？

怎样？

どうやって？

哪里？

どこ？

什么时候？

いつ？

名字

名前

后面

後ろ

里面

中

前面

前

上方

上

上面

上

下面

下

旁边

横

中间

間

地点

場所